AF296133

COMTESSE AMICIE DE VILLARET

UNE ÉPAVE CULINAIRE

DU XIV' SIÈCLE

QUELQUES PAGES D'UNE VERSION INCONNUE ET INÉDITE
DU VIANDIER DE TAILLEVENT

VANNES

IMPRIMERIE LAFOLYE

1900

DU MÊME AUTEUR

— *Election de Thibaut d'Aussigny au siège épiscopal d'Orléans, 1448-1450*, d'après des documents inédits.

— *L'Enseignement des Lettres et des Sciences dans l'Orléanais.*

— *Quelques pages inédites de l'histoire d'Orléans en 1567-1568.*

— *L'Instruction primaire à Orléans et dans les communes de l'arrondissement avant 1789*, d'après des documents inédits.

— *Recherches historiques sur l'ancien chapitre de l'église d'Orléans*, d'après des documents inédits.

— *Les antiquités de l'église Saint-Paul d'Orléans*, d'après des documents inédits.

— *Bénéfices de l'ancien diocèse d'Orléans.*

— *Les prêtres orléanais dans les prisons de la Gironde et sur les pontons de la Charente.*

— *L'apétissement de la pinte à Châteaudun*, d'après des documents inédits.

— *A propos de deux chartes inédits des lépreux de Bonneval.*

— *Les démêlés des comtes de Blois et des vicomtes de Châteaudun.*

— *Louis de Coutes, page de Jeanne d'Arc, improprement nommé Louis de Contes*, documents inédits.

— *Campagnes des Anglais dans l'Orléanais, la Beauce, etc.; Campagnes de Jeanne d'Arc sur la Loire*, documents inédits.

— *La rançon de Du Guesclin*, d'après des documents inédits.

UNE ÉPAVE CULINAIRE

DU XIVe SIÈCLE

EXTRAIT DE LA
Revue des Questions Héraldiques.

COMTESSE AMICIE DE VILLARET

UNE ÉPAVE CULINAIRE

DU XIVᵉ SIÈCLE

QUELQUES PAGES D'UNE VERSION INCONNUE ET INÉDITE
DU VIANDIER DE TAILLEVENT

VANNES

IMPRIMERIE LAFOLYE

1900

UNE ÉPAVE CULINAIRE DU XIV° SIÈCLE

Quelques pages d'une version inconnue et inédite
du Viandier de Taillevent

E titre de cet article va, peut-être, sembler un
peu étrange dans un recueil comme la *Revue
Héraldique*; et je n'aurais pas eu l'idée de lui
choisir un tel patronage, n'était une considération d'un
ordre tout particulier et qui élargit le sujet en lui faisant
franchir le domaine des fourneaux, pour le faire entrer
dans celui de l'histoire et de la philologie, car l'art de
bien manger a aussi son histoire.

N'a-t-on pas conservé, bien au delà de l'époque des
Césars, les noms de M. Gabius et de Cœlius Apicius qui,
pour porter le même nom de famille, n'avaient pourtant
entre eux aucune consanguinité, quoique leurs façons de
vivre et leurs goûts pussent les unir des liens d'une
parenté factice. Le second a laissé le traité de *Re culinaria*
qui prouve, tout au moins, que la bonne chère fut appré-
ciée de tout temps, sans quoi le nom de Lucullus lui-
même, n'eût peut-être gardé que la moitié de sa renommée.

L'art de la cuisine, en effet, n'est pas d'invention moderne, puisqu'à toutes les époques, il y a eu des gourmands — mettons des gourmets — qui considérèrent moins la nourriture comme un moyen de soutenir les forces que comme une source de jouissances.

En dehors des Spartiates, tous sectateurs de la doctrine stoïcienne, est-il beaucoup de peuples qui aient érigé en principe l'austérité de la table et qui aient su se contenter de manger pour vivre ? Je parle ici, bien entendu, des nations façonnées par la civilisation. Manger est nécessaire pour exister, sans aucun doute, mais ce n'est, aux yeux de plus d'un, qu'une solution incomplète du problème de la part faite aux aliments dans les fonctions de la vie ; et si l'on doit en user, pourquoi, sans délaisser l'objectif principal, ne pas demander qu'un acte fatalement nécessaire, s'accomplisse dans des conditions agréables ?

Cette considération philosophique n'a certainement pas dû être étrangère aux perfectionnements de l'art culinaire. Né sous le ciel d'azur de la belle Italie, au sein des splendeurs de l'orgueilleuse cité des Césars, cet art s'est vite acclimaté dans les provinces conquises par ces maîtres du monde ; et, toujours élevant son niveau au diapason de tous les progrès, il en est arrivé à se faire bien accueillir partout. Et chose singulière, mais absolument indéniable, cet art de cuisiner et, dès lors, celui de savoir manger est devenu le *discrimen* des civilisations.

Les circonstances et les temps ont pu lui faire subir des éclipses plus ou moins prolongées. En France, aux époques les plus reculées de notre histoire, en cette période ténébreuse du IX au XII⁰ siècle, où l'on avait assez à faire rien qu'à réparer les ruines d'invasions étrangères et de discordes intestines sans cesse renaissantes, alors que l'instruction restaurée par Charlemagne tendait à retomber au second plan — tant étaient impérieuses les

préoccupations d'un ordre plus pressant qui étreignaient
la jeune société du moyen âge, — les avantages du confor-
table de la vie pesaient peu dans la balance des intérêts
publics et privés. Les soucis étaient ailleurs. Mais quand
au XII⁰ siècle, la France, se ressaisissant enfin, assista à
l'inauguration d'une ère plus normale ; lorsque les Lettres
longtemps prisonnières dans les couvents où elles avaient
cherché refuge, recommencèrent à prendre leur essor,
alors on put songer à tracer et à édifier les règles de l'art
culinaire. Cependant s'il y eût, au XII⁰ siècle, des traités
de cuisine, tout vestige en a disparu de nos jours ; et les
plus anciens que l'on connaisse dateraient, tout au plus,
du XIII⁰ siècle ou des premières années du suivant.
M. Douët d'Arcq publiait, en effet, en 1860, dans la Bibliothèque de l'Ecole des Chartes (1), un petit manuel de cuisine enfoui dans un manuscrit, renfermant des écrits d'un
ordre tout différent, et qui serait le précurseur présumé des
ouvrages du même genre. L'on comprend que je ne puisse
m'exprimer sur cette question qu'en termes absolument
dubitatifs car s'il y eût, antérieurement à celui-ci d'autres
traités d'art culinaire, ils sont, selon toute probabilité,
perdus pour nous.

Deux ans après la mise en lumière de ce curieux spé-
cimen du savoir faire d'un *queu* des temps féodaux,
MM. le baron Pichon et George Vicaire, donnaient,
d'après le manuscrit de Saint Germain-des-Prés, conservé
à la Bibliothèque Nationale, une édition à 350 exemplaires
numérotés, d'un autre livre de cuisine intitulé : « le *Viandier de Taillevent , maistre queux du roy nostre Sire* (2). »

(1) T. 1, 5⁰ série. 1860 ; pp 216-221.
(2) Bibl Nat. fonds français, fonds de Saint-Germain, tom. 18, n⁰ 19791,
petit in-4⁰ de 18 feuillets non paginés, écrit sur vélin, couvert en parchemin, et dont le texte donne de 18 à 22 lignes à la page. L'écriture est de la
fin du XIV⁰ siècle.

Quoique ce manuscrit de l'œuvre du célèbre cuisinier ne
soit pas l'unique qui nous ait été conservé, il est, du moins,
le plus ancien. L'on connaît, en effet, trois autres manuscrits du *Viandier* dont je vais parler aussi : 1° Le manuscrit de la Bibliothèque Mazarine ; 2° celui des Archives
de la Manche ; 3° celui de la Bibliothèque Vaticane. Tous
trois sont des copies plus récentes de l'œuvre de Taillevent.

Lorsque les deux éditeurs donnèrent, en 1862, le texte
du Viandier d'après le manuscrit de la Bibliothèque Nationale, ils ignoraient alors, malgré de très consciencieuses
investigations, qu'un exemplaire de cet ouvrage existât
dans l'immense collection bibliographique des Papes.
Celui-ci ne leur fut signalé qu'en 1892 (1) et, sitôt qu'ils
en eurent connaissance, ils en firent l'objet d'une publication spéciale sous le titre de « Supplément au Viandier
de Taillevent. »

Voici donc déjà quatre copies bien authentiques, les
seules dont on eut retrouvé la trace ; et il y avait bien
lieu de croire que c'était tout, lorsque le hasard vint me
mettre en présence d'une cinquième.

Mais tout d'abord, comment ce livre essentiellement
français se trouvait-il en la possession des papes ? Il est
aisé de le conjecturer, car nous connaissons la douloureuse
histoire des événements qui procurèrent l'émigration, dans
la bibliothèque vaticane, d'un grand nombre de manuscrit français, ayant appartenu à la célèbre abbaye bénédic-
tine de Fleury Sait-Benoît.

L'on sait que lorsque le cardinal Odet de Chatillon, de
triste mémoire, eut, en 1562, livré au pillage des protes-
tants, l'abbaye de Saint-Benoît qu'il tenait en commende,
la plupart des trésors bibliographiques réunis dans cet

(1) Cote de la Bibl. Vaticane Imprimés, 8° V. 23193.

antique asile des Lettres, furent sauvés par Pierre Daniel qui en était bailli. Mise en vente, à son décès, la précieuse collection de manuscrits formée par le pieux dévouement à la science d'une longue suite de générations monastiques, fut acquise par deux savants orléanais : Paul Petau, conseiller du roy et Jacques Bongars. La ville de Berne conserve la portion échue à celui-ci. Quant à la part de Paul Petau, recueillie après lui par son fils, elle devait aussi être perdue pour la France : La Reine Christine de Suède en fit l'acquisition et plus tard, s'en défit au profit du Pape. On peut donc parfaitement expliquer la présence d'un exemplaire du *viandier* dans la collection célèbre connue sous le nom de Bibliothèque Vaticane.

La publication des deux principales copies de l'ouvrage qui nous occupe, serait de nature à nous confirmer dans la croyance que l'original en est perdu, puisqu'il n'existe plus que des transcriptions dans les grandes collections publiques.

Les traités de ce genre, composés pour la vulgarisation de la préparation correcte des aliments, devaient, à une certaine époque, se trouver dans toutes les mains. Chaque cuisinier attaché à une maison seigneuriale, à celle d'opulents bourgeois, à une communauté, ne pouvait se passer de ce guide de l'*habilleur des viandes*, selon l'expression alors consacrée ; et dès lors, de nombreuses transcriptions en ont nécessairement été faites. S'il est impossible de ne pas admettre qu'en raison des services qu'il rendait, ce livre dut rapidement devenir très commun, alors même qu'on était encore obligé de le reproduire par la copie, l'on doit croire également que, lorsque l'art merveilleux inventé par Laurent Coster eut rendu facile la multiplication instantanée des livres, qui, auparavant, exigeait de si longs travaux, les manuscrits — surtout ceux de ce genre —

devinrent, pour les générations enthousiastes de l'invention nouvelle, l'objet d'un profond dédain. On n'était plus au temps où un manuscrit se payait cinq mille livres et où sa cession était l'objet d'un acte solennel... Les détenteurs des copies, faites jadis à force de temps et de labeur, les détruisirent et il est même vraisemblable que le manuscrit original de Taillevent dut avoir le même sort. Retirées de la circulation, les copies firent place au texte imprimé de l'ouvrage.

Mais ici encore, se pose un point d'interrogation. Comment se fait-il que si le viandier fut, au moins, l'objet de quinze éditions successives, du XVe au commencement du XVIIe siècle, il ne reste plus aujourd'hui de chacune de ces réimpressions fréquentes qu'un seul exemplaire, dont plusieurs sont incomplets (1) et que ces rares spécimens dont l'intérêt s'attache plutôt à l'exécution typographique qu'à l'œuvre elle-même, soient, pour la plupart, enfouis en des collections particulières ? Serait-ce que devenu insuffisant aux délicatesses d'une gastronomie plus moderne, des manuels culinaires d'une provenance plus récente tels que le « grand Cuisinier » aient supplanté l'œuvre de l'honnête Taillevent dont le style suranné et un peu diffus, justifiait ce rajeunissement ? (2) Il en fut, sans doute ainsi, puisqu'en ce monde, tout est essentiellement perfectible, aussi bien dans le domaine des arts et de l'industrie que dans celui des Lettres et de la science, et que le progrès n'est, en somme, qu'une conséquence naturelle et inéluctable de la marche du temps. Il n'y a plus, dès lors, à s'étonner qu'un recueil de ce genre n'ait pas eu le destin

(1) Voir la bibliogr. dans Brunet.

(2) Je ne parlerai pas, comme d'une œuvre originale, du « *Mesnagier de Paris*, puisque venu un peu après Taillevent, il s'est approprié une partie de ses recettes. — Quant aux éditions successivement données du viandier, il semblerait qu'on ait pris à tâche de les rendre de plus en plus incorrectes.

d'une plus longue durée. Mais si le goût des collections eût été, du XIV° au XVII° siècle aussi vulgarisé que de nos jours, s'il y eût eu des bibliophiles jaloux de conserver à titre de curiosité, des manuscrits qui ne servaient plus ou des spécimens d'éditions devenues rares, nous n'en serions pas réduits aujourd'hui à un si petit nombre de copies et d'exemplaires imprimés de l'écrit du maître queu du roi.

Devons-nous pourtant jeter la pierre à nos aïeux pour n'avoir pas été hantés de semblables préoccupations et n'avoir pas cru que l'intérêt d'une postérité lointaine s'attacherait à un manuel de cuisine démodé et que l'on n'estime aujourd'hui, il le faut bien avouer, qu'à titre de singularité bibliographique? Pour être sincère, il faut convenir qu'à bien des égards, nous ressemblons beaucoup à nos ancêtres et que nous restons souvent indifférents à ce qui n'a pas pour nous un intérêt direct.

II

J'eus dernièrement l'occasion d'en faire l'expérience personnelle, et je dois avouer que n'eussent été certaines recherches que j'avais à faire sur les mœurs du XIV° siècle, la question de la cuisine de ce temps n'eût eu pour moi qu'une importance des plus restreintes. Pour compléter les notions qu'il m'importait d'acquérir, je pensai alors à porter mes investigations sur les mets alors en usage et sur la façon dont ils étaient préparés. Je m'adressai à un érudit d'un esprit alerte et que ses fonctions d'archiviste mettaient à même d'avoir, sur la question, quelques notions spéciales, et lui demandai s'il n'avait jamais rencontré, dans les archives du Loiret ou ailleurs, quelque manuscrit traitant de l'art culinaire au XIV° siècle. En réponse à cette question, M. Camille Bloch m'exhiba, des profondeurs d'un tiroir, deux feuilles de parchemin in-4° de 20° sur 0,14 et portant environ de 18 à 20 lignes à la page. Elles n'étaient point paginées et l'on voyait clairement qu'elles avaient été enlevées d'un manuscrit, car non seulement le premier feuillet débutait par la fin d'un alinéa, et, de plus, elles ne portaient aucun titre. Ce n'était, en effet, qu'un fragment, livré par le hasard, d'un très vieux manuel de cuisine. Restait à savoir à quel ouvrage il pouvait bien se rattacher. L'écriture accusait nettement la fin du XIV° siècle. Il m'était aussi facile de me convaincre qu'il n'avait rien de commun avec le petit manuscrit publié par M. Douet d'Arcq dans la bibliothèque de l'Ecole des Chartes et qui débute par ces mots : « Vez ci les renseignements qui enseignent à appareiller toutes espèces de viandes. » Les deux feuilles me furent confiées, et après les avoir transcrites, j'en envoyai la copie à M. Maurice Prou, bibliothécaire à la Bibliothèque nationale, en le priant de vouloir bien rechercher à quel traité culinaire du XIV° siècle elles appartenaient. Après s'être assuré que ce n'était pas au *Mesnagier de Paris*, M. Prou porta ses investigations sur le *viandier* de Taillevent, et il se trouva que, sauf certaines variantes le manuscrit des archives du Loiret était conforme à celui de la Bibliothèque nationale.

Munie de ce renseignement, je demandai à Paris la communication de ce manuscrit et me mis à le comparer à mon texte. Ce fut alors que je pus constater, non sans une satisfaction très vive, que je me trouvais en présence d'une version inédite du viandier, contemporaine de celle de la Bibliothèque nationale, et, par conséquent, l'une des plus antiques copies de l'œuvre du vieil écuyer de cuisine de nos rois.

MM. Pichon et Vicaire en livrant à l'impression le manuscrit de Saint-Germain-des-Prés, l'avaient à la fois soigneusement collationné avec ceux de la Bibliothèque Mazarin et des Archives de la Manche. J'entreprends aujourd'hui un travail de collation semblable entre le manuscrit d'Orléans et ceux des Bibliothèques nationale et du Vatican, d'autant plus que celui-ci, tardivement connu des deux éditeurs, n'avait pu être comparé par eux à aucun autre. Je me sers, à cet effet, de l'édition qu'ils ont donnée de ce dernier manuscrit, en 1892, afin que l'on puisse bien s'assurer que mon texte est absolument à part des deux autres.

En dehors de tout autre indice d'antiquité, la forme archaïque et rudimentaire en laquelle sont rédigées les recettes suffirait à l'accuser, et les variantes qui différencient entre elles toutes ces versions du même livre, leur donnent un intérêt bibliographique dont sans cela elles seraient privées. Les explications fournies par le bon Taillevent, sur la façon de préparer les mets, supposent, chez l'opérateur qui suit sa méthode, des connaissances préalables en la matière déjà assez développées. Ainsi à l'encontre de ce qui se pratique de nos jours, la dose des ingrédients qui doivent entrer dans la préparation des mets n'est jamais définie. De même en est-il à l'égard du temps que réclame la coction des viandes, l'emploi du sel comme condiment et la façon d'enlever la saumure, etc.

<h2 style="text-align:center">III</h2>

Je ne saurais expliquer par quelles vicissitudes les deux feuilles arrachées et sans titre, auxquelles cet article est consacré, sont venues échouer aux archives du Loiret. Toujours est-il qu'elles y sont entrées lorsque les titres du couvent de Saint-Martin au Val, l'une des filiales de Marmoutier, au diocèse de Chartres, furent transférées dans notre dépôt départemental. Depuis quand, aussi, cet exemplaire du Viandier était-il en la possession des moines de Saint-Martin ? C'est ce qu'il est, du reste, peu intéressant de rechercher. La seule donnée certaine que l'on ait de son passage dans ce couvent est qu'en 1571, alors, sans doute, que mis hors de service par l'acquisition d'un exemplaire imprimé du même ouvrage, on employa le précieux manuscrit à des usages tout à fait différents de ceux auxquels il avait été destiné. Les deux feuilles qui nous en restent servirent à protéger la couverture d'un livre des rentes du couvent. C'est ce que nous révèle une note inscrite dans la longueur d'une des marges, où on lit : « Papier de la recepte des rentes du couvent de Saint-Martin-au-Val 1571. » Une autre marge porte quelques chiffres arabes presque effacés, accompagnés du millésime 1565. Enfin, sur une marge différente et d'une écriture très fine de la fin du XVe siècle, on lit : « Le bail fait à Estienne-Grenet, de deux arpents de vigne, fut passé par devant Jehan Guiart. Signé (nom surchargé et illisible) bourgeoys, le quatorziesme jour d'apvril, mil trois cens quarente cinq.

Quant au surplus des feuilles absentes qui n'ont pas eu la bonne fortune d'être reconnues par un archiviste et détachées d'une couverture de livre, leur sort, si elles existent encore, reste livré aux caprices du hasard qui sans doute, un jour, les tirera du réduit poudreux où elles sont, peut-être, en train de se détruire, à moins qu'elles n'aient été rencontrées par quelque rat encore à jeun...

Notre manuscrit d'Orléans commence à ce qui correspond au v° du f° 8 de la Bibliothèque nationale. Au haut de la page, est, en huit lignes, la fin de la recette pour faire les dorées, c'est-à-dire glacer les viandes. Par un bonheur inespéré, les huit pages de notre texte se suivent parfaitement et les deux feuilles dont il se compose s'adaptent l'une sur l'autre. Mais après avoir donné dans le même ordre que le manuscrit de la Bibliothèque nationale, les huit recettes ci énumérées : 1° fin de l'article des dorées, — 2° Gelleez de char ou poisson qui porte limon ; — 3° Lamproie fresche à la saulce chaude ; — 4° Lamproie en galentine ; — 5° Riz engoulé ; — 6° Entremet d'un paon revestu en sa peau ; — 7° Froide sauge ; — 8° Sang de pourcelet, l'on passe, à mi recto du folio 5, au titre du chapitre des poissons d'eau douce, puis, toujours avec suite dans l'exposé du texte, à celui des poissons de mer ronds ; ce qui, abstraction faite des autres variantes dans le texte, suffirait déjà, à en constituer une qui le différencie tout à fait des autres manuscrits du même ouvrage.

Cette divergence notable dans le classement des recettes est déjà une première preuve que l'œuvre de Taillevent ne nous est point parvenue sans retouches, puisque sitôt que l'on eût commencé à la vulgariser par la copie, l'on y avait déjà introduit des leçons nouvelles et des classifications différentes de celles de l'original. Certaines variantes, à la vérité, ne portent que sur l'orthographe et sont uniquement imputables aux scribes ; mais il en est d'autres en lesquelles se révèle une intention marquée de modification ou d'amendement. Ainsi en est-il de la recette intitulée « entremet d'un paon revestu en sa peau ». Dans le manuscrit du Vatican, le nom paon est remplacé par *cigne*, que le manuscrit de Saint-Germain écrit *cine*. De même Paris et Rome portent : *Soux* de pourcelet, tandis que la leçon d'Orléans est sang de pourcelet. Toutes ces différences, qui sont assez notables, m'ont donc bien clairement indiqué qu'il y avait là un texte tout nouveau et inédit qu'il y aurait intérêt pour les bibliophiles à connaître. Aussi ai-je cru bien faire en en réservant la primeur aux lecteurs de la *Revue des Questions Héraldiques*.

IV

A quelle, époque est-il possible de faire remonter la composition de l'antique traité de cuisine intitulé *le Viandier de Taillevent* ? Il ressort clairement d'une note inscrite à la fin du manuscrit de Saint-Germain *aliàs* de la Bibliothèque nationale et ainsi conçue : « cest viandier fut acheté à Paris par moi, Pierre Buffaut, l'an 1392, au pris de 6 s. p. », que nous nous trouvons en présence d'une copie acquise en 1392. Or, pour que cette copie qui avait déjà passé par une autre main, comme en témoigne la présence d'un nom différent, inscrit au premier feuillet, ait pu être revendue en 1392, il fallait bien que l'original fut déjà composé depuis quelques années. Il ne paraît donc pas exagéré de conjecturer que Taillevent a pu écrire son œuvre vers 1380. En effet, il s'intitule à cette époque, maître queu du roi. Or, il était déjà en possession de ce titre en 1373 et 1377. Il a donc pu écrire son livre vers 1380, d'autant plus qu'il est rationnel de penser que composé pour les cuisines royales, le viandier a dû mettre quelque temps à tomber dans le domaine vulgaire.

L'auteur lui-même n'était pas le premier venu. Son vrai nom était Guillaume Tirrel et le sobriquet de Taillevent, un de ces noms de guerre, si communément distribués à l'époque où il vivait. C'était un homme habile en son art et suffisamment lettré. Il avait fourni sa carrière dans les cuisines royales où, d'après les notes biographiques publiées par les deux éditeurs de son livre, il aurait successivement occupé les postes suivants :

1326. — Enfant de cuisine de la reine Jeanne d'Evreux.

1346-1349. — Queu de Philippe de Valois.

1355. — Ecuyer de l'hôtel, puis queu de Mgr le Dauphin de Viennois.

1360 (N.-S.) et 1361. — Queu du duc de Normandie.

1368. — Queu et sergent d'armes du roi.

1373-1377. — 1ᵉʳ queu du roi.

1381. — Ecuyer de cuisine de Charles VI.

1388. — Premier écuyer de cuisine du roy.

1392. — Maltre des garnisons de cuisine du roi.

Tous ces détails sur la personne de Taillevent sont consignés dans l'édition de son livre donnée par MM. le baron Pichon et G. Vicaire et dont M. Léopold Delisle a bien voulu spontanément m'adresser un exemplaire qui lui appartient, afin de me permettre de prendre connaissance de ces détails, aussi bien que des variantes qui différencient le manuscrit de la Bibliothèque nationale, de celui de la Bibliothèque Mazarine. J'y ai trouvé, en outre, plusieurs autres renseignements pleins d'intérêt sur l'existence intime de Guillaume Tirrel, mais ils n'ont avec le sujet dont je m'occupe qu'une relation éloignée. Je les laisserai donc de côté pour passer, sans autre transition, à la comparaison du texte du Viandier de Taillevent.

MANUSCRIT D'ORLÉANS	MS. DE LA BIBL. NAT.
Suite de la recette pour faire les dorées.... Passez parmy l'estamine (1) et dorez quant vostre poullalle (2) sera cuitte et vos pommez (3) puis dressiez vostre broche ou vaissel ou vostre doreure sera et remettés au feu, par deux ou par III fois, affin que vostre doreure se tienge ; et gardez que vostre doreure n'ait trop fort feu qu'elle n'arde.	Pour faire les dorées, prenés 8 V° grant foisson de moieux (4) d'œufs avec du saffron broié et batu tout ensemble, et les en dorés. Qui veult dorée verde, si prengne la verdure broiée, puis des moieux d'œufs, grant foisson, bien batus. Passés par l'estamine, et prennez la doreure et en dorés, quant vostre poulaille sera cuite ; et vous pourés dressier

(1) Toutes les notes sont à la fin.

Manuscrit d'Orléans

Ms. de la Bibl. Nat.

vostre broche ou vessel ou sera vostre doreure ; et y jetés du lonc vostre doreure et remetés au feu, afin que vostre doreure, ce preine, par II fois ou par III. Et gardés qu'elle n'ait pas trop fort feu.

Gellez de char ou poisson qui porte limon. — Mettez cure en vin, verius et vinaigre ; et aucuns y mettent du pain. Puis prenez gingembre, canelle, girofle, graine de paradis (5). nois muguettes (6), poyvre lonc et safren, pour lui donner couleur. Diffaitez (7) de vostre boullon, passez par l'estaminne et mettez boullir avec vostre viande. Puis prenez freullez (8) de lorier, espices, garingal (9), macis (10), alaiez (11, ces III nous (12) en vostre estamine sur le marc de vos autres espices devant dictes, et mettez boullir avec vostre viande, et l'escumez tant qu'il sera sus le feu ; et quant il sera jus (13) du feu si l'escumez auxi jusques à ce qu'il soit drescié ; et puis quant il le sera, si purez (14) vostre boullon en un nait (15) plat ou vaissel, tant qu'il soit rassiez (16) et mettez vostre viande sur une nape blanche ;

Gelée de poisson qui porte 9, limon ou de char. — Metés cuire en vin, verius et vin aigre et de l'eaue ; et aucuns y metent un pou de pain. Puis prennés gingembre, canelle, girofle, grain de paradis, poivre lonc, nois mugaitee et saffren broiés et deffaites de vostre bouillon et metés aveques vostre grain et l'escumés tant comme il sera sus du feu. Si l'escumés à tant qu'il soit drécié. Après que il sera drecié, si purés (17) vostre boullon en un vessel de boies et le lessiés ressuir. Et métés vostre grain sur une blanche nappe ; et ce est poisson, si les pellés et metés les peleures en vostre bouillon, jusques à tant qu'il soit coullé la denrenière foies ; et gardés que vostre boullon soit cler et net. Puis dressies votre grain pessevelez et metés vostre boullon sur le feu en un vessel cler et net ; et faites boulir ; et en boullant

MANUSCRIT D'ORLÉANS

et se c'est poisson, si le pellez et le nettoiez et gettez vostre pelleurez (17) en vostre boullon jusques à ce qu'il soit coulley, la desraine (18) fois. Et gardez que vostre boullon soit cler et net. Et puis dresciez votre viande par plas ; et après remettez vostre boullon sur le feu en vaissel cler et net ; et faittez boullir et en boullant dresciés sur vostre viande ; et mettez sur vos escuellez de la flour (19) de canelle et du macis ; et puis mettez vos escuellez en lieu froit et qui vuelt geller. Il ne fault pas qu'il dorme. Et si vostre bouillon n'est net, si le coullez par une nappe blanche en deux ou trois doublez ; et mettez coulleis de loche cuitte destrempé se c'est poisson.

LAMPROYE FRESCHE A LA SAULCE CHAULDE soit sainggnié

Ms. DE LA BIBL. NAT.

métés votre boullon en vos escuelles par dessus vostre grain. Poudrés dessus fleur de canelle et du macis ; et puis métés vos escuelles en lieu froit. Et se vostre bouillon n'est bien net, V°. si le coulés parmi une nape en II ou en trois doubles ; et soit sallé à point.

LEMPROIE FRANCHE A LA SAULCE CHAULDE. — Soit sain-

(Manuscrit du Vatican). GELÉE DE POISSON A LYMON ET DE CHAIR. — Mettez le cuire en vin *et en* verjus *et en* vinaigre. Et aucune y mettent de l'eaue un pou. Puis prenez gingembre..... garingal et maciz, et les liez en vostre estamine, sans la laver sur le marc des autres espices et mettez boullir .... se c'est poisson (p. 234).
— LAMPROYE FRESCHE A LA SAULCE CHAUDE. — Soit seignée par la gueulle....... graine de paradiz noix muguetes et

<table>
<tr><td>

MANUSCRIT D'ORLÉANS

par la goulle et lui ostez la langue. Et convient bouter une broche pour melx saingnier; et guardez bien le sanc car c'est la gresse. Puis la convient eschauder comme une anguille et rostir en broche bien déliée. Puis affinez gingembre, canelle, girofle, graine de paradis, nois muguettez, pain brulley (20) trempé ou sanc et en vin aigre; et qui vuelt, du vin plain. Deffaïttez tout ensamble et faittez boullir une onde, puis mettez vostre lamproie boullir avec. Et ne soit pas trop noire.

LAMPROIE EN GALENTINE. — Saingnez la comme dit est et guardez le sangc; puis mettez cuire en vin aigre et en vin blanc et un peu d'eau. Et quand elle sera cuite, si la traiez hors du feu et la lessiez refroidir sur une nappe. Puis prenez pain brulley,

</td><td>

MS. DE LA BIBL. NAT.

gniée par la gueule et lui ostés la langue. Et y convient bouter une broche pour mieux saignier. Et gardes . . . .

puis afinés. . . . . . canelle . . . . nois mugaites et bien pou de pain brullé. . . . . en vin aigre et du vin un pou. Et deffaites tout ensemble et faitez boulir une onde, et lemproie toute entière; et ne soit pas trop noire.

LEMPROIE EN GALENTINE. — Saingniés la comme dist est, et gardés le sanc, puis la metés cuire en vin aigre et en eaue bien pou; et quant elle sera cuite, metés la refroidier sur une nape blanche. Preinés pain brullé et F° 10. deffaites de votre boullon et

</td></tr>
</table>

Manuscrit du Vatican

ung peu de pain brulé trempé ou sang et en vin aigre et qui veult, ung pou de vin, et en deffaites tout ensemble, et faictes boullir une onde. Et puis mettez vostre lamproye avec, toute entière; et ne soit mie la saulce trop noire. Et c'est quant la saulce est clère.... (Ici 9 lignes qui ne sont pas dans le manuscrit d'Orléans) (p. 235). LAMPROYE EN GALENTINE. — Seignez la comme devant...... ...... puis prenez pain brulé.... ... . boullir le sang avec, et mouvez bien

MANUSCRIT D'ORLÉANS	MS. DE LA BIBL. NAT.

deffaites de vostre boullon ; passez par l'estamine et puis mettez boullir le sangc, et mouvais *(21)* qu'il n'arde. Et quand il sera bien boully, si le versés en une jatte necte, et mouvez toutiours tant qu'il soit froit. Puis affinez gingembre, canelle, flour de canelle, girofle, graine de paradis, nois mugettez et poyvre long. Deffaittez de vostre boullon et mettez (*ici le mot dedens, biffé*) sur vostre poisson dedens ung vessel net, comme devant. Et doibt estre noir. (*à la suite et pour finir la ligne, la lettre d répétée cinq fois*).

coulllés par l'estamine, et boullés le sanc avec, et remués bien qui n'arde Et quant . . . . . .si verssez en un mortier ou en une jate et movés souvant, jusques ad ce qu'il soit refroidié. Affinés gingembre, canelle, girofle, graine de paradis, nois mugaites, poivre lonc, et deffaites de vostre boullon et metés dedans. Puis metés votre poisson avec, dedans une jate, comme devant est dit. Estre noir.

RYS ENGOULÉ *(22).* — A jour de mengier char eslisiés et lavez très bien en eaue chaulde et mettez (*ce mot est répété*) ressuer *(23)* contre le feu ; puis le mettez cuire en lait de vache boullant Et broiez du saffren.

RIS ENGOULLÉ. — Au jour de mengier char, cuisez le et le lavés très bien en eaue chaude, et metés seicher contre le feu, et métés cuire en lait de vache frémiant (24) puis du saffran et du gras de boullon de buef.

Manuscrit du Vatican

qu'il ne arde ; et quant il sera bien boullu, ci versez en ung mortier ou en une jatte nette et mouvez toujours jusques ad ce qu'il sera refroidié. Puis affinez... .... .. (p. 236, etc. et le mettez en vaissel, ce fust où d'estain. Si avez bonne galentine (Ici SOUX DE POURCEL. (Plus de rapport avec le manuscrit d'Orléans. En revenant à la p. 233, on trouve : RIX ENGOULLÉ A JOUR DE MENGIER CHAIR. Eslisiez le rix et le lavez très bien .... dedans du

<table>
<tr><td>

MANUSCRIT D'ORLÉANS

pour jaunir, deffait de vostre lait, puis mettez dedens du gras boullon de buef.

ENTREMET D'UNG PAON REVESTU EN SA PEAU O (25) TOUTTEZ LES PLUMES. — Prenez le et l'enflez par entre les espaullez et lendez au long par le ventre : puis ostez la pel o tout le col. Couppez lez aillez auprès des espaullez et lessiez lez piez avec tout tenant au corps. Puis mettez la char en broche et l'arsonnez (26) et dorez, et quant il sera cuit soit revestu en sa peau et que le col soit bien droit en plat. Au poyvre jaunet. (27

UNE FROIDE SAULGE (28). — Prenez vostre poulaille et mettez cuire en eaue et puis la mettez refroidir. Puis affinnez gingembre, flour de canelle, giroffle, graine de paradis, puis broiez percil et saulge le plus,

</td><td>

Ms. DE LA BIBL. NAT.

ENTREMET DE CINE REVESTU DE SA PIAU A TOUTES LES PLUMES. — Enflés le d'un tuel par entre les espaules ; fendés le au lonc par dessoubz le ventre pour lui oster la piau, a tout le col couppé après les espaules et les ellez, les piés tenans au corps ; puis rostir ou arssonner ; dorer quant il sera cuit ; et soit revestu en sa piau. Et que le col soit bien droit ou plat. Et meugiez au poivre jaunet.

UNE FROIDE SAUGE. — Cui- V°. sés bien la poulaille en eaue, puis la metés refroidier Broiés gingembre, canelle, girofle, graine de paradis. Broiés bien sans couller. Prenés percil et sauge. du pain le plus et

</td></tr>
</table>

Manuscrit du Vatican.

gras boullon du pot. — (P. 234). ENTRREMEZ D'UN CIGNE REVESTU EN SA PEAU A TOUT SA PLUME. Prenez le cigne et l'enflez .. et l'arçonnez et dorez ; et quand il sera cuit ... . poivre jaunet.

234 UNE FROIDE SAUGE. — Prenez vostre poulaille ... ... et aucuns y coullent des moyeulx d'œufz cuis durs ; et deffaictes de vinaigre et despéciez vostre poulaille par moittiéé. etc, (3 lignes nouvelles).

MANUSCRIT D'ORLÉANS	MS. DE LA BIBL. NAT.

et du pain et ung pou de safren avec de la verdure pour estre vert gay. Coullez parmy l'estamine et ; aucuns y coullent dez moyalx (29) d'ouefs cuis durs. Deffaittez de bon aigre et mettez sur vostre poulaille.

SANG DE POURCELET. — Auxi comme une froide sauge, sans mettre œufs et mains (30) sauge.

CHAPPITRE DE POISSONS L'EAU DOULCE.

Lus (31) en eaue à la saulce vert ou à la geline (32) faitte comme bonne camelline.

BROCHET rosti au chauddumel (33) le frist empottage (34) ou à la jance (35).

---

un pou de safran et de la verdure pour estre vergay ; et coullés par l'estamine. Et aucuns y metent moyeux d'uefs durs et deffont de vin aigre. Et métés sur vostre plat.

SOULZ DE POURCEL. — Fait aussi commed une froide sauge et rasisse en eaue chaude, et lavé très bien sans mètre nulz œufs et nient (36) de sauge.

POTAIGES LIANS...(ce chapitre 10 V° a 4 feuilles).

COMINÉE DE POISSON cuit en eaue etc.

CHAPITRE DE POISSONS D'EAUE DOULCE. F° 14

Lus cuit en eaue à la sauce cameline, ou vert ou à la galentine faite comme bonne cameline.

BROCHET rosti au chaudumel ; le frit en potaige comme dit est en la jance.

Manuscrit du Vatican

234 GELÉE DE POISSON A LYMON ET DE CHAIR (Voir ci-dessus p. 215'.

236 (Après la lamproye en galantine) SOUX DE POURCEL. — Faictes cuire comme une froide sauge, sanz mettre saffren ni nulz œufs ; et qu'il y ait moins de sauge que de persil. — Vient ensuite : COMMINÉE DE POISSONS. — P. 241 s'ensuit DES POISSONS D'EAU DOULCE. — LUX. en eaue.

MANUSCRIT D'ORLÉANS	MS. DE LA BIBL. NAT.
BAR en eaue à la saulce vert.	LE BAR cuit en eaue et sel. Mengiés à la saulce verte (*).
BARBILLONS au poivre aigret. Lez rostis au verjus. Lez fris empotage ou la jance.	BARBILLONS cuis en eaue au poivre égret. Les rostis au verjus. Le frit en potaige, comme dessus est dit ensuivant, ou à la jance.
ALLOZE soit baconnée (37) et sallée et cuitte en eaue à la moustarde ou à la cybole ou à la saulce vert ; la rostie à la cameline ; et en pasté à ung pou de vin blanc pouldré d'espissez et verius.	ALOUSE soit baquée et sallée, cuite en eaue à la moustarde ou à la ciboulle ou à la saulce vert. La rostie à la cameline et au fort en vin blanc et verius et poudre d'espices par dessus.
CARPEZ cuittez en eaue à la saulce vert ou à la cameline o telle que la lamproie.	CARPES cuites en eaue, à la saulce vert ou à la galentine, comme la lemproie.
PERCHE en eaue et pellée au vin aigre ou en coullis ; la fritte empotage garney.	PERCHE pellée cuite en eaue, au percil et vin aigre et en coulis. La frite ou en potage grané.
TENCHE eschauldée en eaue à la saulce vert. La rostie soit renversée, pouldrez de pouldré	BRESME soit cuite en eaue, mengié à la saulce vert ; en rost au verjus ou en potaige, pou-

Manuscrit du Vatican

BROCHET rosti au chaudumé . .. etc (moins la BRESME ET LA ROSSAILLE, (après les poissons *d'eau douce* viennent); p. 243 : POISSON DE MER RONT :

PORC DE MER . . GOURNAULT, ROUGET, GRIMONDIN, affaitiez par le ventre (entre le gournault et le merlu, il y. congres (Entre le merluz et le maquerel, on trouve : chien de mer, saumon frez).

(*) Dans le ms. cet article est placé à la suite de Barbillons et précédé de l'abréviation *sup.*

Manuscrit d'Orléans	Ms. de la Bibl. Nat.
de canelle et soit bassinée (38) et un pou duille tant comme elle rostit. A la cameline.	drée de fine poudre d'epices, au sel menu.
ANGUILLEZ en eaue aux aillez (39) verz (*) la sallée à la moustarde. En rosti, aus aillez blans; et qui vuel soit reversée (**). A la saulce chaulde, comme la lamproie. En pasté, pouldrée d'espicez.	BAISSAILLE cuite en eaue à la saulce, vert etc.
	CHEVRIAUS. — Cuis en eaue etc (ces trois derniers poissons ne sont pas dans le Ms. d'Orléans).
TROITE cuite en vin et en eau, au percil et vin aigre, ou à la cameline. Empasté au sel menu.	TRUITES. — Cuites en eaue. Mengier à la cameline; en pasté au sel menu.
PIPERNAULX (40). — Eschauldés, rostis au verjus.	PIPERNIAUX. — Eschaudés, rosticés, mengiez au vin verjus.
LOCHE en eaue à la moustarde. La fritte empotage.	GUEMMUAL, cuit en eaue, etc... (ce poisson n'est pas dans le Ms. d'Orléans).
ABLEZ (41). En eaue à la moustarde.	ABLÉS. — Cuis en eaue, mengié à la moustarde, et non autrement.
LAMPRION (42) à saulce chaulde, comme la lamproie et en eaue à la moustarde. En pasté, pouldré d'espicez.	LAMPRIONS. — Cuis à point 15, R° ou fris, à la saulce chaude comme la lamproie; le boully en eaue à la moustardé et en pasté pouldré d'espices.
ESCRUICEZ. (43) — En vin et eaue, au vin aigre.	ESCREVICES. — Cuites en eaue et en vin aigre, mengiez au vin aigre.

(*) Ce mot écrit *vert* a été corrigé en *vers*.
(**) Pour *renversée*.

| MANUSCRIT D'ORLÉANS | MS. DE LA BIBL. NAT. |

CHAPPITRE DES POISSONS DE MER RONS

CHAPITRE DE POISSON DE MER RONT

PORC DE MER (44) fendu au long par le dos, puis soit cuite en vin et eau, et puis lesché (45) par leschez auxi comme venoison. Puis prenez de l'eaue de vostre poisson, un pou, puis affinez gingembre, canelle, grane de paradis, poivre long, un pou de safren et faittez boullir clairet. Et ne soit pas trop liant.

GOURNAUT (46) ROGET, soit affaittez par le ventre et lavez très bien, puis cuis en eaue à la camelline. Les espaullais (47) fris ou rostis au verjus, bouilli et pouldraié de pouldre d'espicez.

MELLUS (48). — Mettez à tremper III jours puis lavés très bien et frire en huille, sans farine. Aux aulx camelins.

MAQUEREL, soit affaictié par l'oreille et rosti sur le grail. Au verjus vert. Le pouldré à la moustarde ou au brûire. (*)

PORC DE MER, fendu au lonc par le dos puis cuit en eaue ; et coupés léchies comme venoison ; puis prennés du vin, de l'eaue de vostre poisson ; affinés gingembre, canelle, graine, poivre lonc et un pou de saffren et faites bon boullon cléret, et ne soit pas trop jaune ; et sert l'en comme par manière d'un entremes, sus un blanc mengier.

GORNAULT, ROUGET, GRIMODIN soient affétiés parmi le ventre ; et lavés bien ; puis soient mis en la paielle et du sel dessus, puis de l'eaue après et métés cuire et mengier à la cameline. Les espaules soient fendus au lonc du dos, et puis laver et mètre rostir qui veult. Plongier en verjus souvent et poudrés d'espices. (Ensuite congre et chien de mer qui ne sont pas dans le Ms. d'Orl.). V°

MAQUEREL frais, affaitié par l'oreille et rosti sur le gril. Mengier à la cameline. Et liés d'un filet tout entour qui ne se despiècent ; et en pasté à poudre

(*) J'ignore le sens de ce mot.

MANUSCRIT D'ORLÉANS

SAUMON frais soit bagué (47); et gardés l'échine pour rostir, puis despecies par dalles. Cuisiés en eau et en vin. Au poivre jaunet ou à la cameline.

Le sallé cuit en eau, et en vin; qui vuelt à la cibolle par rouellez; empasté pouldré d'espices.

Ms. DE LA BIBL. NAT.

d'espices au sel menu. Le sallé au vin et à la siboulle ou à la moustarde.

SAUMON frais, soit baconné; et gardé l'eschime pour rostir; puis d'espéciez par taillez; cuisiés en eaue et du vin et du sel à cuire. Mengiés au poivret jaunet ou à la cameline.

NOTES

(1) *Estamine*, tamis, passoire.

(2) *Poulalle*, volaille.

(3) *Pommez*, boulettes de chair ou de poisson.

(4) *Moieux*, *Moyalx*, moyaux, le milieu, le jaune de l'œuf.

(5) *Graine de Paradis*, maniguette, plante.

(6) *Nois muguettes*, noix muscades.

(7) *Deffaire*, délayer dans un liquide.

(8) *Freulles*, résidus, débris.

(9) *Garingal*, galanga.

(10) *Macis*, écorce intérieure de la noix muscade.

(11) *Alaier*, délayer, mélanges.

(12) *Nous* je n'ai pu trouver la signification de ce nom.

(13) *Jus*, hors.

(14) *Purer*, apurer, rendre clair.

(15) *Nait*, propre.

(16) *Rassies*, reposé, rassis.

(17) *Pellures*, pelures, raclures.

(18) *Desraine*, *derraine*, dernière.

(19) *Flour de canelle*, canelle réduite en poudre.

(20) *Pain brulles*, pain grillé, peut-être chaplure.

(21) *Mouvais*, mouvez, remuez.

(22) *Rys engoulé*, blanc manger.

(23) *Ressuer*, sécher.

(24) *Fremiant*, frémissant.

(25) *O* abrév. de *avec*. On le trouve souvent dans les pièces anciennes.

(26) *Arsonner*. je ne trouve ce mot dans aucun glossaire, mais il est aisé d'en comprendre la signification. Il s'agit d'une chair à rotir mise en broché. Arsonner voudrait dire alors fixer à la broche avec un fil ou une brochette.

(27) *Poivre jaunet*. Poivre blanc, par opposition au poivre noir.

(28) *Saulge*. Sauge, plante odoriférante.

(29) *Moyaulx* V. Moieux.

(30) *Mains*, Moins.

(31) *Lus*, brochet.

(32) *Geline*. Le Mss. de la Bibl. Nat. porte galentine.

(33) *Chauddumel*, sorte de sauce dont la préparation ne nous est pas connue.

(34) *Potages*, se dit de tout met cuit au pot ou à la casserole dans un liquide ou une sauce.

(35) *Jance*, sorte de sauce pour assaisonner le poisson.

(36) *Nient*, dans *Le Ms. de la Bibl. Nat.* ce mot est douteux, les éditeurs l'ont lu *mout*, ce qui ne donne pas de sens. Je crois qu'il faut lire *nient*, c. a, d. *ndant*, pas de sauge du tout.

(37) *Baconné*. Ce mot peut avoir deux significations : 1° à la façon du lard, c'est-à-dire fumé, le mot bacon voulant dire lard. 2° coupé à la façon du lard, en aiguillettes minces ou en filets.

(38) *Bassiné, baqué*, mis en marinade.

(39) *Ailles*, vert et blancs. Aulx.

(40) *Pipernaulx*, variété d'anguille,

(41) *Ables*, ablette, petit poisson.

(42) *Lamprion*, petite lamproie.

(43) *Escruices*, écrevisses de mer.

(44) *Porc de mer*, marsouin.

(45) *Lesché, lesches* découpés en tranches minces.

(46) *Gournaut*, poisson de la famille des rougets, c'est peut-être le grondin.

(47) *Espaullais*, épaules.

(48) *Mellus*, merlus poisson de mer.

(49) Partaillez, coupés en aiguillettes.

Vannes. — Imprimerie LAFOLYE, 2, place des Lices.